WITHDRAWN

Juega con cuidado
Play It Smart

por/by Jill Urban Donahue   ilustrado por/illustrated by Bob Masheris

Un agradecimiento especial a nuestros asesores por su experiencia/
Special thanks to our advisers for their expertise:

Sandi Schnorenberg, Subdirectora Asociada, Seguridad Pública de Mankato (Minnesota)/
Associate Deputy Director, Mankato (Minnesota) Public Safety

Terry Flaherty, PhD, Profesor de Inglés/Professor of English
Universidad del Estado de Minnesota, Mankato/Minnesota State University, Mankato

PICTURE WINDOW BOOKS
a capstone imprint

Editor: Jill Kalz
Translation Services: Strictly Spanish
Designer: Abbey Fitzgerald
Bilingual Book Designer: Eric Manske
Production Specialist: Sarah Bennett
Art Director: Nathan Gassman
Associate Managing Editor: Christianne Jones
The illustrations in this book were created digitally.

Picture Window Books
151 Good Counsel Drive
P.O. Box 669
Mankato, MN 56002-0669
877-845-8392
www.capstonepub.com

All books published by Picture Window Books
are manufactured with paper containing at least
10 percent post-consumer waste.

Library of Congress Cataloging-in-Publication Data
Donahue, Jill L. (Jill Lynn), 1967-
  [Play it smart. Spanish and English]
  Juega con cuidado / por Jill Urban Donahue ; illustrado por Bob
Masheris = Play it smart / by Jill Urban Donahue ; illustraded by
Bob Masheris
  p. cm.—(Picture window bilingüe, bilingual)
(Cómo mantenernos seguros = how to be safe)
  Includes index.
  Summary: "Provides information about playground safety—in
both English and Spanish"—Provided by publisher.
  ISBN 978-1-4048-6886-1 (library binding)
  1. Playgrounds—Safety measures—Juvenile literature. I. Masheris,
Robert, ill. II. Title. III. Title: Play it smart.
GV424.D66 2012
796.06'8—dc22   2011001339

Printed in the United States of America in North Mankato, Minnesota.
032011   006110CGF11

Playgrounds are great places to play with your friends. But if you are not careful, you could get hurt. If you follow playground safety rules, you will have a fun time on all kinds of playgrounds!

Los patios de juegos son lugares estupendos para jugar con tus amigos. Pero si no tienes cuidado, te puedes lastimar. Si sigues sus reglas de seguridad, te divertirás en ¡todo tipo de patio de juegos!

Becca, Mia, and Andy ask their parents if they can go to the playground. They listen to their parents explain the rules. Becca, Mia, and Andy want to play safe.

Becca, Mia y Andy les preguntan a sus padres si pueden ir al patio de juegos. Ellos escuchan a sus padres explicar las reglas. Becca, Mia y Andy quieren jugar de manera segura.

Safety Tip
Don't go to a playground alone. If an adult you know can't go with you, take along at least one friend.

Consejo de seguridad
No vayas solo a un patio de juegos. Si no puede acompañarte un adulto que tú conozcas, lleva contigo al menos a un amigo.

5

It's a sunny day. Becca helps Andy and Mia put on sunscreen. She makes sure they put on closed-toed shoes, too.

Es un día soleado. Becca ayuda a Andy y Mia a ponerse protector solar. Ella también se asegura que ellos se pongan zapatos cerrados.

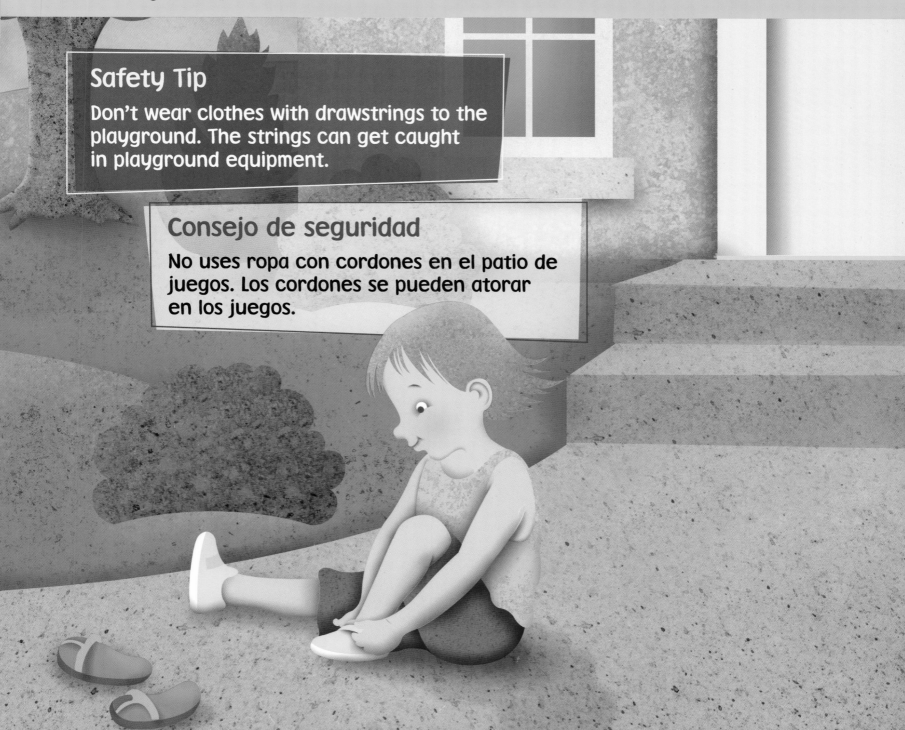

Safety Tip

Don't wear clothes with drawstrings to the playground. The strings can get caught in playground equipment.

Consejo de seguridad

No uses ropa con cordones en el patio de juegos. Los cordones se pueden atorar en los juegos.

At the playground, Becca puts her backpack by the fence. She keeps it out of the play area. She doesn't want anyone to trip over it.

Safety Tip

It's best to leave your backpack, jacket, and other things at home. If you have to bring things to the playground, keep them where you can see them. But keep them out of the play area.

En el patio de juegos, Becca deja su mochila a un lado de la cerca. Ella la deja fuera del área de juego. No desea que nadie se tropiece con ella.

Consejo de seguridad

Es mejor dejar tu mochila, chaqueta y otras cosas en casa. Si tienes que llevar cosas al patio de juegos, déjalas donde puedas verlas. Pero déjalas fuera del área de juego.

Becca, Mia, and Andy play catch. Andy drops the ball. It rolls into the street. Andy waits for the ball to stop rolling. He looks for cars before scooping up the ball.

Becca, Mia y Andy juegan a atrapar la pelota. Andy deja caer la pelota. La pelota rueda hacia la calle. Andy espera a que la pelota deje de rodar. Él observa los autos antes de recoger la pelota.

Safety Tip

Don't run into the street after a ball or toy. Drivers might not see you.

Consejo de seguridad

No corras hacia la calle tras una pelota o un juguete. Es posible que los conductores no te vean.

An ice-cream truck drives past the playground. Mia wants to follow it. Becca tells Mia they need to stay together.

Un camión de helados pasa por el patio de juegos. Mia quiere seguirlo. Becca le dice a Mia que deben quedarse juntas.

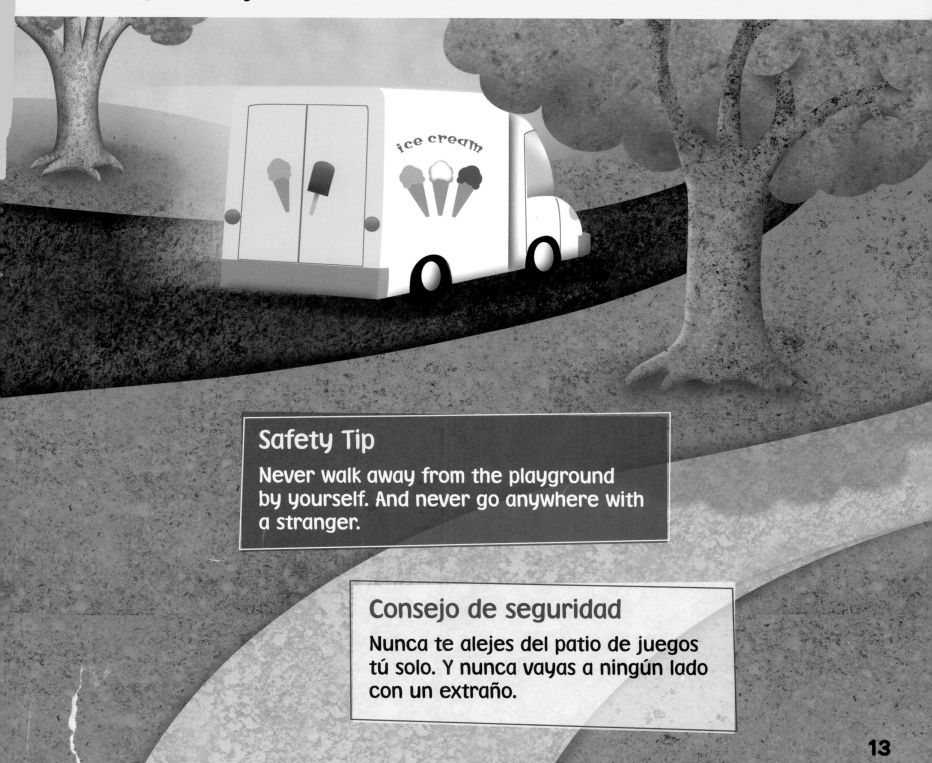

Safety Tip

Never walk away from the playground by yourself. And never go anywhere with a stranger.

Consejo de seguridad

Nunca te alejes del patio de juegos tú solo. Y nunca vayas a ningún lado con un extraño.

The climbing wall is still wet from last night's rain. Becca decides not to play on it. Wet surfaces can be very slippery.

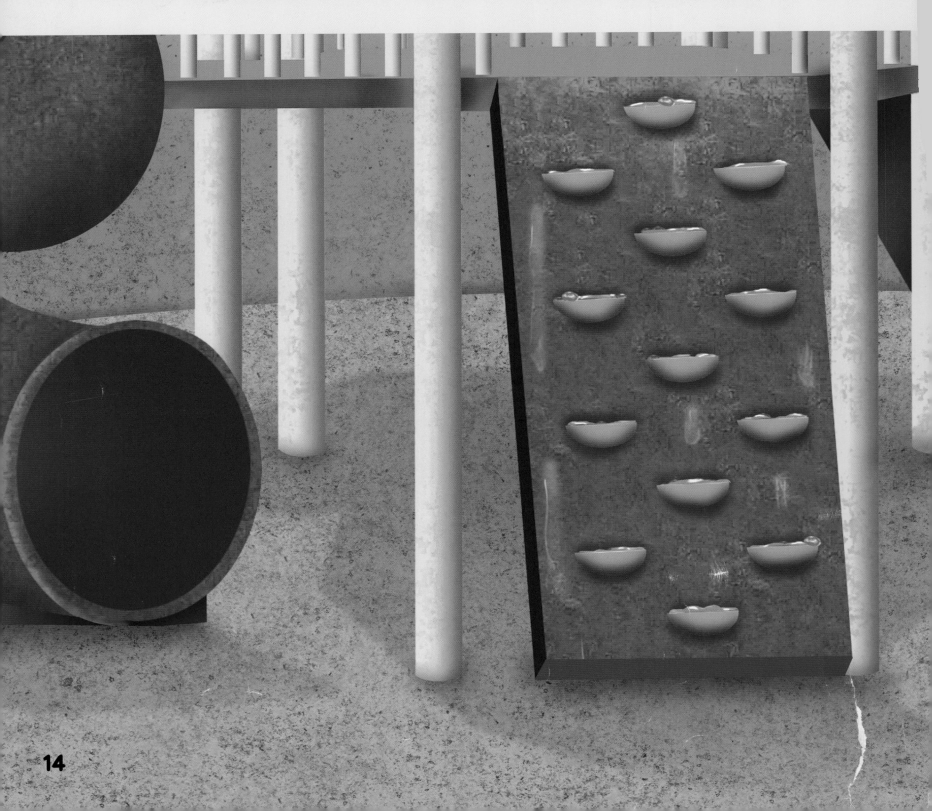

14

La pared para escalar sigue mojada con la lluvia de anoche. Becca decide no jugar ahí. Las superficies mojadas pueden ser muy resbalosas.

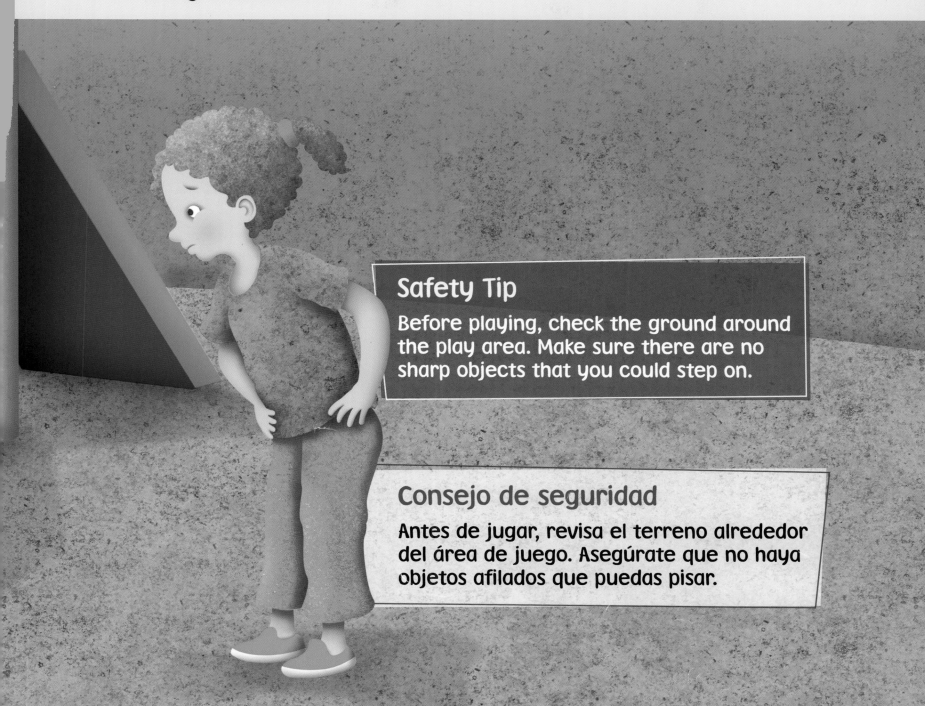

Safety Tip

Before playing, check the ground around the play area. Make sure there are no sharp objects that you could step on.

Consejo de seguridad

Antes de jugar, revisa el terreno alrededor del área de juego. Asegúrate que no haya objetos afilados que puedas pisar.

Andy carefully climbs the steps to the top of the slide.
He takes one step at a time. He holds onto the handrails.
Mia waits for her turn at the bottom of the steps.

Safety Tip

Never try to walk up a slide. You may slip. Or someone might come down and knock you over.

Consejo de seguridad

Nunca intentes caminar hacia arriba en un tobogán. Te puedes caer. O alguien que se esté deslizando puede golpearte.

Andy sube cuidadosamente los escalones del tobogán.
Él da un paso a la vez. Se sostiene del barandal.
Mia aguarda su turno al pie de la escalera.

Becca, Mia, and Andy take turns going down the slide.
They go feet first. They move away from the bottom
of the slide as soon as they land.

Safety Tip
If you or a friend gets hurt while playing,
tell an adult right away.

Becca, Mia y Andy toman turnos para deslizarse en
el tobogán. Ellos se deslizan con los pies hacia delante.
Y se alejan del tobogán tan pronto como tocan tierra.

Consejo de seguridad

Si tú o un amigo se lastiman
mientras juegan, díselo a un
adulto inmediatamente.

Andy and Mia sit on the swings. They hold on with both hands while Becca pushes them.

Safety Tip
Never walk in front of moving swings.

Consejo de seguridad
Nunca camines frente a un columpio en movimiento.

Andy y Mia se sientan en los columpios. Ellos se sostienen
con ambas manos mientras Becca los empuja.

Becca, Mia, and Andy are careful on the playground. They stay together and pay attention to things going on around them. Becca, Mia, and Andy play safe and have fun!

Becca, Mia y Andy son cuidadosos en el patio de juegos. Ellos se mantienen juntos y ponen atención a las cosas que pasan a su alrededor. Becca, Mia y Andy juegan seguros y ¡se divierten!

Internet Sites

FactHound offers a safe, fun way to find Internet sites related to this book. All of the sites on FactHound have been researched by our staff.

Here's all you do:

Visit www.facthound.com

Type in this code: 9781404868861

Index

Super-cool stuff! Check out projects, games and lots more at www.capstonekids.com

Sitios de Internet

FactHound brinda una forma segura y divertida de encontrar sitios de Internet relacionados con este libro. Todos los sitios en FactHound han sido investigados por nuestro personal.

Esto es todo lo que tienes que hacer:

Visita www.facthound.com

Ingresa este código: 9781404868861

Índice

¡Algo súper divertido! Hay proyectos, juegos y mucho más en www.capstonekids.com